LOI DU 28 AVRIL 1893

Complément de la réforme des frais de justice :
Modification
de certains droits d'enregistrement en matière civile

PAR

LOUIS ZÉGLICKI

Docteur en droit,
Juge d'instruction au tribunal de Mauriac.

Prix : 1 fr. 50

PARIS

LIBRAIRIE COTILLON

F. PICHON, SUCCESSEUR, IMPRIMEUR-ÉDITEUR,

Libraire du Conseil d'Etat et de la Société de législation comparée

24, RUE SOUFFLOT, 24.

1893

LOI DU 28 AVRIL 1893

Complément de la réforme des frais de justice :
Modification
de certains droits d'enregistrement en matière civile

PAR

LOUIS ZÉGLICKI

Docteur en droit,
Juge d'instruction au tribunal de Mauriac.

PARIS

LIBRAIRIE COTILLON

F. PICHON, SUCCESSEUR, IMPRIMEUR-ÉDITEUR,

Libraire du Conseil d'Etat et de la Société de législation comparée

24, RUE SOUFFLOT, 24.

1893

LOI DU 28 AVRIL 1893

Deux projets se trouvaient en présence : l'un, de la commission des finances élaboré et présenté par M. Henri Brisson, député, et l'autre, du Gouvernement, par M. Liotard-Vogt, directeur général de l'enregistrement.

Le projet de la commission, beaucoup plus important que le second, aboutissait à la suppression des droits fixes, dont il ne retenait que la partie représentant le prix du salaire dû pour la formalité d'enregistrement et qu'il évaluait à un franc non compris les décimes, lorsque l'acte soumis à cette formalité ne donnerait pas lieu au droit proportionnel ou au droit gradué, et en outre il grevait ces derniers droits (droits gradués ou droits proportionnels) d'un demi-décime.

L'idée qui avait inspiré l'éminent rapporteur M. Henri Brisson et qu'il avait fait partager à la commission, procédait d'une logique rigoureusement exacte ; voici en quels termes il s'expliquait devant la Chambre des députés le 11 février 1893 : Les droits fixes, comme les droits proportionnels, se trouvent les uns et les autres dans les lois sur l'enregistrement, et si l'on veut établir l'équité dans cet impôt, il n'y a qu'un moyen « celui de faire passer les taxes vraiment trop lourdes sur les droits fixes, dans la classe des droits proportionnels, le tout sans sortir de l'enregistrement lui-même, c'est-à-dire de généraliser et d'appliquer à toute la matière de l'enregistrement, le principe admis pour les frais de justice par la loi du 26 janvier 1892 », en conséquence « suppression des droits fixes ; remplacement de ces droits par un demi-décime sur le principal des droits proportionnels d'enregistrement auquel il est ajouté deux décimes et demi par les lois actuellement en vigueur. » Il est indéniable en effet, ajoute l'honorable rapporteur, que les droits fixes pèsent de tout leur poids, ou sur les toutes petites affaires ou sur des affaires malheureuses et déjà grevées, soit par suite des charges qui écrasent la propriété, soit par suite de l'incapacité des parties. On peut dire que le droit fixe, au lieu de frapper la fortune au moment où elle apparaît, s'applique justement à des actes qui constatent que la richesse est en train de périr ; pour justifier la suppression des droits fixes, M. Brisson a mis en lumière les arguments suivants : M. le Ministre des finances, lors de la réforme des frais de justice (voir notre commentaire de la loi du 26 janvier 1892, page 8) n'a pas hésité à condamner le système des droits fixes et de leur multiplicité, aussi appelait-il lui-même sur ce point la fin d'un état de choses contraire au principe de l'égale répartition des charges publiques. Or la réforme dite « des frais de justice » n'a touché, comme son nom l'indique, qu'aux droits fixes perçus dans les instances proprement dites ; encore n'en a-t-elle supprimé qu'un petit nombre ; elle en a laissé subsister une grande quantité, et ce qu'il y a de plus fâcheux, elle a laissé subsister cette variété de tarifs qui fait le désespoir des parties et des receveurs de l'enregistrement. Nous vous proposons aujourd'hui de supprimer tous les droits fixes, non seulement dans les instances, mais en toute matière, notamment dans les successions, les ventes et les procédures d'exécution ou pour parler plus exactement, de les réduire à un tarif uniforme et peu élevé, soit « à un franc en principal, non compris les décimes » ; si l'on remonte à l'origine des droits fixes, il est facile de se convaincre qu'ils n'ont été envisagés que comme le prix de la formalité de l'enregistrement auquel ils sont assujettis ; en effet, M Duchâtel qui a été le principal auteur de la loi de frimaire les a ainsi définis : « Nous entendons par droit fixe, le prix de la formalité de l'enregistrement pour les actes qui ne sont pas de nature à donner lieu au droit proportionnel » par conséquent il n'y a pas de motif pour que le prix de la formalité dont s'agit, puisque tel est le caractère du droit fixe, soit payé plus cher pour un acte que pour un autre, voilà pourquoi nous pensons que le droit fixe porté à un franc soit pour les actes civils, soit pour les actes judiciaires non susceptibles du droit proportionnel aura le double avantage de l'unité et d'un meilleur produit.

Voyons, poursuit le rapporteur, ce que gagneront les plaideurs à l'adoption des dispositions soumises à vos suffrages : prenons l'assignation introductive d'instance en licitation et liquidation d'une succession bénéficiaire recueillie par des mineurs. Aux termes de la legislation ancienne, il est perçu sur cet exploit un ou plusieurs droits de 3 fr. 75, en moyenne, deux droits, soit 7 fr. 50 ; après la réforme des frais de justice, il ne sera payé que 5 francs ; avec la loi proposée, il ne sera plus payé que 1 fr. 25.

De même pour la signification du jugement à parties :

Le cahier des charges ne coûterait que 1 fr. 25 au lieu de 2 fr. 88.

Le dépôt du cahier des charges, 1 fr. 25 au lieu de 5 fr. 63.

Le procès-verbal d'apposition de placards, 1 fr. 25 au lieu de 2 fr. 50.

Les prestations de serment des experts, 1 fr. 25 au lieu de 5 fr. 63.

Les procès-verbaux d'enquête, 1 fr 25 au lieu de 5 fr. 63.

Etc....

Croit-on que cette uniformité et cet abaissement de tarifs ne seront pas sensibles aux plaideurs?

Mais il y a mieux.

Ainsi que nous l'avons rappelé, la réforme adoptée l'année dernière ne porte que sur les instances proprement dites. Aussi pouvons-nous lire, dans l'instruction qui a suivi la réforme des frais de justice, les passages suivants qui sont tout à fait caractéristiques :

Les agents ne perdront pas de vue, en ce qui concerne les actes extrajudiciaires, que la réduction (d'un tiers) prononcée par l'article 7 de la loi du 26 janvier 1892 est étrangère aux exploits qui précèdent l'introduction de l'instance, ainsi qu'à ceux qui ont pour objet l'exécution de la sentence définitive, à moins qu'ils ne se rapportent eux-mêmes à une nouvelle instance :

Ainsi l'exploit de signification d'une contrainte en matière d'enregistrement reste passible du droit de 1 fr. 50 lorsque la somme réclamée excède 100 francs, tandis que, dans ce cas, l'opposition du redevable avec ajournement de l'administration devant le tribunal bénéficie de la réduction comme acte introductif d'instance et n'est plus soumise qu'au droit de 1 franc.

De même la saisie-arrêt tendant au recouvrement de condamnations résultant d'un jugement définitif continue d'être assujettie au droit de 3 francs, comme acte d'exécution, tandis que le nouveau tarif (2 francs) est applicable à la dénonciation de cette saisie avec assignation en validité, ainsi qu'aux autres exploits relatifs à l'instance en validité.

De même encore, le protêt demeure passible du droit de 1 fr. 50 alors que la dénonciation qui en est faite avec assignation au souscripteur ou aux endosseurs de l'effet protesté ne donne plus ouverture qu'au droit de 1 franc.

Il en est de même des actes d'exécution ; ils ne profitent pas de la réforme. Vous avez obtenu un jugement ; il s'agit de le mettre à exécution ; il faut faire commandement, saisie-exécution, procès-verbal d'affiches, récolement, procès-verbal de vente ; ou bien procéder par voie de saisie-arrêt : tous ces actes entraînent des frais considérables qui demeurent sous l'empire des anciens tarifs.

En ce qui concerne les ventes sur saisie-exécution et les ventes mobilières après faillite, la régie refuse de les comprendre sous la dénomination de « vente judiciaire » et de leur appliquer le bénéfice de l'art. 8 de la loi du 26 janvier 1892 relative à la réduction des frais de justice ; il est vrai que l'un des commentateurs de cette loi (V. commentaire de M. Zéglicki, docteur en droit, juge d'instruction au tribunal de Mauriac, page 18) a soutenu, contrairement à l'instruction de la régie, que les ventes judiciaires étant celles faites en exécution de la loi et avec les formalités de justice, et les ventes sur saisie-exécution ou après faillite ayant ce caractère et étant réalisées suivant ces formes, tombaient forcément sous l'empire de l'art. 8 de la loi du 26 janvier 1892, nonobstant ce qui avait pu être dit dans le cours des travaux préparatoires de cette loi ; que la régie ait tort ou raison, peu importe ; en toute hypothèse, il y a divergence au moins d'opinions entre les commentateurs, et cette contradiction prouve la nécessité d'introduire l'unité et la clarté et, aussi la justice, dans ce labyrinthe interprétatif, car si le besoin de réduire les frais de justice se fait sentir, c'est surtout dans les procédures qui sont dirigées contre les personnes pauvres, et souvent à la requête de créanciers dont l'unique avoir repose sur les quelques meubles de leur débiteur, placés sous la main de justice.

Passons maintenant à la catégorie des actes civils et de l'état civil, c'est-à-dire ceux qui n'ont pas été visés ou ne l'ont été qu'exceptionnellement par la loi du 26 janvier 1892.

Dans la classe des actes tarifés à 1 fr. 50 c'est-à-dire à 1 fr. 88 nous trouvons les brevets d'apprentissage et certains certificats de vie ; ne sont-ce pas des actes bons à dégrever ?

Dans la classe des actes à 3 francs qui produisent au trésor une somme de 7 millions et demi « acceptation de succession, actes de notoriété, d'adoption, cahier des charges, collations d'actes, arrêtés de compte, décharges, désistement, devis, enchères, inventaires, lettres missives, nominations d'experts, prisées de meubles, procurations, promesses de vente, ratifications, déclarations de remploi, révocations de testament, etc., etc. », nous n'en rencontrons guère qui n'aient leur répercussion dans les actes soumis au droit proportionnel ; il est donc légitime de les dégrever et de les unifier en élevant légèrement celui-ci. L'impôt demeurera à la charge des mêmes catégories de contribuables et il se répartira entre eux en proportion des valeurs, tandis qu'il pèse actuellement sur les mêmes contribuables en raison inverse de leurs fortunes. Pourquoi faire payer par exemple, 3 fr. 75 pour un consentement à mariage ? La plupart du temps, ce sont les pauvres qui se privent d'assister au mariage de leurs enfants ; si ce sont par exception des personnes riches ou aisées, la différence de 2 fr. 50, résultant de l'abaissement à 1 fr. 25 se retrouvera sur les donations insérées au contrat. Nous en dirons autant des droits fixes à 7 fr. 50 qui produisent 1.800.000 francs environ.

Le principe de la pluralité des droits fixes en matière d'enregistrement, poursuit l'honorable rapporteur, est consacré par les articles 11 et 68 de la loi du 22 frimaire an VII; vous n'avez pas hésité à l'abolir pour les frais de justice et vous avez mis fin par là à des abus intolérables et ridicules signalés cent fois à l'administration dans des écrits très autorisés mais qu'elle n'a pas songé d'elle-même à supprimer.

Vous prendrez, Messieurs, nous l'espérons, la même initiative et vous déploierez la même énergie en ce qui concerne la réforme nouvelle, beaucoup plus importante que celle de l'an dernier, et sans laquelle la première ne produirait pas les effets qu'en attend l'opinion publique; vous ferez pénétrer l'esprit de justice et d'égale répartition des charges fiscales dans ces 25 millions de contributions que nous vous proposons de transformer et qui donnent, eux aussi, le spectacle scandaleux dans notre société démocratique, du fonctionnement d'un impôt progressif à rebours.

Vous mettrez fin notamment à la pluralité de l'art. 68 de frimaire, comme vous avez mis fin à la pluralité de l'art. 11. Encore vous suffit-il de parcourir l'instruction administrative, à laquelle nous avons emprunté déjà plusieurs passages, pour voir que la pluralité, même en matière d'instances, subsiste encore dans un certain nombre d'actes judiciaires : tels sont les procès-verbaux d'enquête, d'interrogatoires sur faits et articles, ceux qui sont dressés en matière d'ordre et de contribution, les actes du ministère des avoués, des greffiers et des huissiers, les exploits relatifs aux procédures de saisie, d'ordre et de contribution; vous ne l'avez supprimée que pour les jugements et arrêts; c'est bien, ce n'est pas assez.

Pour les actes en matière civile, dont il n'était pas question dans la réforme de l'an passé, l'abolition de la pluralité est plus nécessaire encore.

La formalité de l'enregistrement, avons-nous dit, a le même caractère pour tous les actes non susceptibles du droit proportionnel, c'est-à-dire qui ne contiennent ni libération, ni obligation, ni transmission de valeurs, etc. ; il n'y a donc aucune raison de faire payer plus cher pour un acte que pour un autre; dans tous les cas, c'est le même service qui est rendu, à savoir de constater l'existence de ces actes et d'en assurer la date; aussi proposons-nous d'exiger, en échange de ce service, non plus un impôt mais un simple salaire uniformément fixé à un franc. Il n'y a non plus aucun motif de faire payer plus cher parce que plusieurs parties ont figuré dans un même acte. N'est-ce pas une disposition prodigieusement inique que celle en vertu de laquelle il est prélevé sur une succession un impôt d'autant plus élevé qu'elle se partage entre un plus grand nombre d'héritiers et que le bénéfice de chacun d'eux est moindre?

Prenons par exemple les acceptations de succession. Elles sont tarifées à 5 fr. 63. Supposez une succession de 100.000 francs et un seul héritier, il ne payera que 5 fr. 63; imaginez au contraire un petit héritage de 1.000 francs partagé entre dix héritiers dont chacun ne recevra que 100 francs, ils payeront dix droits fixes de 5 fr. 63, c'est-à-dire 56 fr. 30. C'est là que l'on voit le mieux éclater l'iniquité des droits fixes; l'héritage de 100.000 francs n'aura contribué que dans la proportion infinitésimale de un demi-centime pour cent, tandis que la modeste succession de 1.000 francs aura payé dans la proportion de 5 fr. 63 par 100 francs pour un seul acte; ne faut-il pas mettre un terme à une injustice aussi criante et pour rétablir la justice sans rien faire perdre au trésor, ne convient-il pas de reporter sur le droit de succession lui-même, droit proportionnel aux valeurs, la perte résultant du dégrèvement des droits fixes, dont auront profité les petits héritiers.

Aussi c'est pour cette raison que nous vous proposons de supprimer complètement les droits fixes et de les remplacer par un demi-décime sur le principal des droits proportionnels d'enregistrement, auxquels il est ajouté deux décimes et demi par les lois en vigueur. D'un autre côté, il nous a semblé bon que le législateur n'aggravât pas les droits élevés qui pèsent déjà sur la propriété immobilière. C'est pourquoi la commission a été d'avis de n'imposer aucune surtaxe aux transmissions immobilières à titre onéreux. Ainsi tombe la seule objection sérieuse qui pût être faite à la réforme proposée.

Comment en effet ne serait-elle pas votée, si l'on songe que dans une vente d'immeubles en soixante-cinq lots à laquelle il a été procédé devant le tribunal de Soissons le 9 avril 1858 à l'audience des criées moyennant 34.173 francs, trente-deux acquéreurs ayant dû notifier à quatre-vingt-deux créanciers le jugement d'adjudication, le droit d'enregistrement a été liquidé à 5.405 fr. 40 et encore eût-il été plus élevé, si, en raison de la qualité de cohéritiers de plusieurs des adjudicataires, on n'eût retranché la quotité de la taxe fiscale qui leur aurait incombé, si au lieu d'être des cohéritiers, ils avaient été des étrangers.

Aujourd'hui, par suite de l'élévation du tarif et de la création du second décime et du demi-décime, on percevrait sur l'exploit de notification précité en principal . . . .   7,371 fr.
plus 0 fr. 25 par francs en sus . . . .   1,842 fr. 75

Ensemble. . . . .   9,213 fr. 75

Si dans une espèce analogue, c'est-à-dire avec le même nombre d'acquéreurs et de créanciers, le prix d'adjudication s'élevait à 9.000 francs, il serait insuffisant pour acquitter le droit fixe d'enregistrement dû sur l'acte de notification aux fins de purge, et, vendeurs, créanciers, nul ne recevrait rien ; le fisc confisquerait la propriété ; le cas s'est déjà malheureusement déjà vu.

Il se voit encore.

Neuf mille deux cent treize francs de droits fixes sur un seul acte, et sur un acte, qui, précisément, constate que l'immeuble vendu est déjà grevé au-delà de sa valeur ? ce sont pourtant des créanciers bien modestes, que ceux qui, au nombre de 82, ont à se partager une somme de 34.173 francs ! Et combien, parmi eux, ont dû perdre la totalité de leur créance, parce que le fisc avait perçu, pour un seul acte, un droit dépassant 5.000 francs, prélevé par privilège sur leur gage ! Ne sont-ce pas là des faits monstrueux et qu'il importe de faire cesser. Avec le système que nous préconisons, au lieu de 9.213 fr. 75, l'État dans l'espèce sus-indiquée, ne percevrait plus que 1 fr. 25.

Certes nous ne voulons pas nier les bienfaits de la réforme des frais de justice ; il serait facile de les exposer ; mais il ne faut pas méconnaître que, grâce à certaines interventions puissantes qui ont trouvé quelque crédit, les grosses affaires demeurent, dans des cas donnés, favorisées aux dépens des petites : tel a été le résultat du maintien du timbre et de droits fixes élevés sur des actes dont le dégrèvement avait été proposé.

C'est ainsi, par exemple, qu'une demande en licitation et vente d'un immeuble d'une valeur de 3.000 francs avec deux défendeurs, coûtera encore, en droits payés à l'État, 141 fr. 55 soit 4 fr. 71 pour 100 francs, tandis que la même demande pour des immeubles d'une valeur de 100.000 francs, avec le même nombre de défendeurs, ne coûtera que 498 fr. 17, soit 49 centimes seulement pour 100. Réduisons donc encore les droits fixes, sauf à entreprendre, plus tard, la réforme du timbre et à faire subir à cet impôt, comme à tous les autres les règles de la proportionnalité.

Voilà pour les procédures d'exécution. Pour les successions, la règle de la pluralité appliquée aux vacations des scellés et des inventaires, aux acceptations bénéficiaires, aux renonciations, aux actes d'émancipation, etc., grève les petits héritages échus aux mineurs de frais tellement considérables, qu'il est presque toujours impossible de procéder régulièrement à la liquidation des successions modestes ; l'actif est parfois insuffisant pour payer les droits fixes dus au trésor.

Que l'on compare les droits fixes d'enregistrement perçus sur une succession de 4.000 francs, recueillie par quatre mineurs et comprenant 3.000 francs d'immeubles et 1.000 francs de meubles, avec les droits d'enregistrement sur une succession de 200.000 fr. composée de 140.000 francs d'immeubles et 600.000 francs de meubles.

On trouve que les droits fixes perçus d'après la législation antérieure, seraient de 248 fr. 50 soit 6 fr. 21 0/0 et en vertu de la loi de finance du 23 janvier 1892, ils ne sont plus que de 29 fr. 80, soit 0 fr. 70 0/0.

Et pour la succession de 200.000 francs, ils ne sont pas modifiés ; ils restent absolument les mêmes.

N'y a-t-il pas là une iniquité qu'il importe aux pouvoirs publics de faire cesser au plus vite.

PROJET DU GOUVERNEMENT.

Ce projet a été présenté et défendu par M. Liotard-Vogt, commissaire du gouvernement, directeur général de l'enregistrement.

Voici en quels termes il s'est exprimé :

L'empressement que le gouvernement a mis l'année dernière à se rallier à la réforme des frais de justice et le projet qu'il vous apporte aujourd'hui pour la suppression ou la diminution de certains droits d'enregistrement sont des preuves manifestes de son désir de faire pénétrer de plus en plus dans la législation de l'enregistrement le principe de la proportionnalité, base essentielle de toute loi fiscale.

Bien que la réforme des frais de justice entre à peine dans la période d'exécution et que la perte devant en résulter pour le budget, évaluée l'an dernier à 5 millions, puisse être dépassée, le gouvernement se fût rallié sans hésitation à la proposition de M. Brisson, si comme celui-ci le pense, les règles relatives à la perception des droits fixes n'étaient qu'un tissu d'inégalités choquantes et d'iniquités.

Permettez-moi de vous le dire, les droits fixes d'enregistrement ne méritent pas d'aussi amers reproches. Les règles de la perception de ces droits reposent au contraire sur la raison, et si, comme pour toutes les lois fiscales, il arrive que leur application aboutisse à de résultats excessifs, il suffit de les amender, sans les abolir. C'est précisément dans ce but que le gouvernement vous a apporté un projet que nous discuterons, je l'espère, quand vous vous serez prononcés sur la proposition de la commission.

Quant à la réforme plus radicale opposée au projet du gouvernement, nous n'hésitons pas à vous proposer de la repousser, car, dans notre pensée, elle serait onéreuse pour le budget, à un double point de vue.

Tout d'abord elle a l'inconvénient grave de ne pas s'équilibrer ; en second lieu, elle exigerait le vote de taxes de compensation excessives, exposant ainsi le trésor à des déficits résultant de ce que la matière imposable ne manquerait pas de se dérober.

A un autre point de vue, messieurs, la réforme ne répondrait pas au sentiment de justice qui a inspiré, je me plais à le reconnaître, la proposition de l'honorable M. Brisson.

C'est ce que j'espère démontrer à la Chambre, sans entrer dans des détails trop techniques, si elle veut bien m'accorder sa bienveillante attention.

La Chambre sait que les droits d'enregistrement se divisent en droits fixes et en droits proportionnels.

Le droit fixe s'impose par la force même des choses. Il est évident en effet que les actes qui ne renferment aucune expression de valeur et qui même constatent des faits ne comportant aucune évaluation, ne peuvent être l'objet d'un droit proportionnel. Qu'a fait le législateur pour être juste? Il a gradué les droits fixes d'après l'importance des actes déterminée par leur nature. C'est ainsi que le droit de 7 fr. 50 atteint quelques actes comme les dissolutions de sociétés, les testaments, tandis que le droit ordinaire qui est de 3 francs, atteint les procurations, les consentements à mariage, les actes de notoriété et autres, qui sont les actes les plus fréquents.

A côté de cette règle, le législateur en a placé une autre, pour éviter que les contribuables éludent le paiement de l'impôt en réunissant, d'une manière artificielle, dans un même contexte, des dispositions complètement étrangères les unes aux autres, étrangères même à quelques-unes des parties en cause. Et alors il a édicté un principe aux termes duquel, lorsqu'un acte renferme plusieurs dispositions indépendantes les unes des autres, cet acte donne lieu à la perception d'autant de droits qu'il y a de dispositions indépendantes.

C'est cette règle de la pluralité des droits qu'on vous propose d'abroger purement et simplement dans tous les cas où il s'agit de droits fixes.

Si vous votiez cette abrogation, il en résulterait pour le trésor, une perte de 18 millions.

Pour compenser le déficit, M. Brisson et son honorable collaborateur, M. Dupuy-Dutemps, vous incitent à établir un demi-décime sur tous les droits proportionnels d'enregistrement autres que les droits de vente et échange d'immeubles.

Est-il vrai d'abord, s'écrie l'honorable organe du gouvernement, que les droits fixes constituent en matière d'impôt une véritable hérésie, en ce qu'ils frappent des actes qui interviennent au moment où la fortune est en train de péricliter, au lieu d'atteindre la richesse au moment où elle se manifeste.

J'avoue que c'est là un argument dont la valeur m'a absolument échappé. Ainsi un propriétaire donne à son gérant le pouvoir de toucher ses loyers ; un créancier donne pouvoir à un notaire de toucher le montant de ses obligations ; on procède à la nomination d'un tuteur. Je ne vois pas que ces diverses manifestations soient le signe d'une situation malheureuse.

Est-il vrai ensuite que la diversité des tarifs en ce qui concerne ce même droit fixe soit une anomalie ? Parce que le droit fixe ne constitue qu'un salaire de la formalité et que dès lors, il doit être égal pour tous les droits.

M. Brisson appuie son appréciation sur le droit fixe, de l'autorité de Duchâtel ; eh bien, dit M. Liotard-Vogt, j'invoque à mon tour, l'opinion de Crétet, qui devant le Conseil des anciens, a défendu très énergiquement la théorie contraire à celle de Duchâtel et qui a fait prévaloir son opinion. « Crétet disait que la diversité du tarif des droits fixes répondait à une idée de justice et de proportionnalité ». Et c'est sur ces mots qu'a été votée la loi du 22 frimaire an VII. Je ne crois pas qu'on soit autorisé en conséquence à se prévaloir de l'opinion de Duchâtel.

Nous avons du reste, poursuit l'orateur du gouvernement, consulté la Chambre des notaires de Paris et le Comité des notaires des départements. Ce sont là, n'est-il pas vrai, des représentants bien autorisés des populations ? Eh bien, la Chambre des notaires de Paris, à la suite d'une enquête faite dans les diverses études, a déclaré que la réduction à 1 franc du droit fixe établi sur les actes civils ne serait, pour personne, un avantage appréciable.

Le Comité des notaires des départements, qui a bien voulu, nous donner également son avis, déclare que si on excepte quelques actes et procès-verbaux d'inventaires tarifés par vacation — (or ce sont précisément les actes auxquels s'applique le projet du gouvernement) — le droit fixe est passé dans les habitudes et payé sans protestation aucune. Le Comité va jusqu'à dire que si dans un but de simplification auquel il ne se rallie pas, on voulait unifier les droits fixes, il faudrait prendre le taux ordinaire de trois francs.

Vous voyez que l'opinion publique est loin de réclamer la réforme aujourd'hui proposée.

Les contribuables n'apprécieraient pas plus que la réduction au taux uniforme de 1 franc, la suppression du principe de la pluralité des droits. La Chambre sait à quelles perceptions arbitraires l'application de ce principe donnait lieu en matière de jugements, étant donné la difficulté de distinguer dans les différents chefs de sentence les dispositions dépendantes ou indépendantes les unes des autres. Les receveurs en arrivaient, comme on l'a dit très spirituellement au cours de la discussion de l'année dernière, à percevoir un droit par alinéa.

Il y avait là un abus ; nous avons été des premiers à en poursuivre la suppression, et nous avons proposé au parlement de décider que dorénavant il ne serait dû qu'un seul droit fixe par jugement et que jamais ce droit fixe ne pourrait être cumulé avec des droits proportionnels.

Mais la situation est bien différente aujourd'hui. En dehors de quelques cas particuliers prévus par le projet du gouvernement, ce principe de la pluralité des droits nous ne le rencontrons guère dans l'application. Sur 27 millions de droits fixes, savez-vous combien il y a de droits qui se cumulent avec d'autres? Il y en a à peine pour 1.400.000 ou 1.500.000 francs.

Vous voyez que l'application de ce principe de la pluralité des droits n'a rien de bien rigoureux et encore nous parons au mal qui peut exister de ce chef.

Au surplus, je ferai remarquer que si nous supprimons ce principe, nous arrivons à des conséquences véritablement abusives et nous ouvrons la porte à la fraude.

Il est évident que les parties se grouperaient pour constater dans un même acte des conventions diverses, et nous verrions ainsi réunies dans le même acte des dispositions absolument hétérogènes pour éviter de payer les différents droits.

Un notaire me faisait cette confidence, que si la Chambre jugeait à propos de supprimer le principe de la pluralité des droits, chaque étude ferait une économie assez importante. Dans chaque étude, en effet, il existe un clerc, mandataire né de tous les clients qui ne comparaissent pas. L'affaire terminée, le mandant donne décharge au clerc en question et cette décharge donne ouverture à un droit de 3 francs.

Si vous supprimez le principe de la pluralité des droits, qu'arrivera-t-il? c'est qu'à la fin de l'année, le notaire rédigera un acte collectif dans lequel comparaîtront toutes les parties qui ont donné mandat à ce clerc et il ne sera dû qu'un droit sur cet acte. Je ne crois pas que la Chambre veuille arriver à un résultat aussi anormal et aussi injuste.

Je passe aux mesures de compensation proposés par l'honorable M. Brisson et j'aborde immédiatement l'établissement d'un nouveau décime. Il est impossible d'admettre une surtaxe pareille; elle irait à l'encontre de tous les vœux exprimés au cours de l'enquête agricole où on a demandé avec énergie la réduction des droits qui pèsent sur les mutations de tous genres de la propriété immobilière et les emprunts hypothécaires.

Au surplus tous nos directeurs ont été consultés à cet égard, et, en immense majorité, ils nous ont signalé l'opposition unanime que rencontrait chez les populations l'établissement de ce demi-décime.

Un demi-décime a été déjà voté au cours de la discussion du projet de réforme de l'impôt des boissons, il serait bizarre qu'on exagérât ce mode de surtaxe, ce qui constituerait un abus.

Il est vrai que MM. Brisson et Dupuy-Dutemps, revenant sur leur proposition première, exonèrent de cette surtaxe les droits de vente et d'échange d'immeubles; ils ont compris que le public ne pourrait pas accepter cette mesure. Mais ils la maintiennent pour les prêts hypothécaires, pour les quittances de ces prêts et celles des prix de vente, pour les baux à ferme et à loyer, on peut dire pour l'ensemble des transactions.

La seconde des ressources à laquelle MM. Brisson et Dupuy-Dutemps ont recours pour équilibrer le budget, est le droit gradué.

Les honorables auteurs de la proposition demandent de porter de 1 franc à 1 fr. 50 pour 1000 le droit gradué qui est aujourd'hui de 1 franc pour 1000. Mais ils ne le modifient pas : ils lui conservent le caractère de prétendu droit fixe gradué, en ce sens qu'ils maintiennent les tranches, les paliers. Le droit serait de

1 fr. 50 pour 1000 jusqu'à 20.000 francs et ensuite de 15 francs pour chaque fraction de 10.000 francs.

C'est évidemment une amélioration, mais le gouvernement va plus loin, car il substitue purement et simplement un droit proportionnel au droit gradué. C'est par cette réforme si juste, si équitable, si démocratique, que nous équilibrons complétement le projet du gouvernement malgré les dégrèvements que nous proposons d'un autre côté.

M. Dupuis-Dutemps, député, collaborateur de M. Brisson, a répondu à M. le commissaire du Gouvernement en ces termes :

L'an dernier, on vous l'a rappelé, vous avez voté la loi du 26 janvier, qui en supprimant les droits fixes — ce que nous proposons de généraliser aujourd'hui — a rendu l'impôt des frais de justice à peu près proportionnel. Toutes les fois, en effet, que dans un impôt il y a une base fixe, quelle que soit la somme sur laquelle porte la contribution, s'il y a en plus un droit proportionnel, il est évident que la proportionnalité ne peut plus exister parce que le droit fixe joue également, aveuglément, quel que soit l'intérêt en jeu.

C'est pour remédier à cet état de choses que M. Brisson a eu l'idée de formuler la proposition de loi dont vous avez entendu tout à l'heure la critique à cette tribune.

Comme on vous le rappelait tout à l'heure, il existe deux ou plutôt trois sortes de droits : les droits fixes, les droits proportionnels et les droits gradués.

A quoi correspondent les droits fixes? Ils correspondent, d'une façon générale, à des actes auxquels on ne peut attribuer une valeur, par exemple, à une procuration.

Pourquoi ces droits sont-ils perçus? Est-ce parce qu'ils décèlent la richesse, parce qu'ils démontrent un certain mouvement de la fortune? En aucune façon ! ils sont perçus uniquement parce que les actes qui y sont assujettis ont besoin d'être conservés et que leur date doit être mise à l'abri de toute contestation : c'est pour donner la date certaine, pour conserver dans les dépôts publics la trace de ces actes qu'on les soumet à la formalité de l'enregistrement.

L'État intervient dans la perception de ces taxes non pas pour prélever un impôt sur une partie de la richesse, mais comme une sorte d'officier qui atteste l'acte, en certifie la date et là conserve dans ses archives. De sorte que, à l'encontre de ce que disait tout à l'heure M. le directeur général de l'enregistrement, ce que l'on doit percevoir sur ces actes, c'est uniquement la rémunération due aux agents de l'État pour les avoir déposés dans les archives et en avoir évité la perte.

Telle est, Messieurs, la base du droit fixe. Cette base, vous le voyez, ne peut pas être proportionnelle. Et, comme elle s'applique aux petits comme aux gros, nous avons dit : puisqu'il s'agit d'un salaire, et uniquement d'un salaire, nous allons traiter tous les actes sujets au droit fixe comme le salaire lui-même ; nous n'allons faire qu'une seule perception destinée à rémunérer l'État de la peine que se donnent ses agents.

Ce n'est donc pas un impôt et jamais, dans l'esprit même de ses créateurs, le droit fixe n'a constitué un impôt.

On vous donnait tout à l'heure l'opinion de M. Duchâtel qui a été rappelée par M. Brisson dans son rapport. Il y a quelque chose qui vaut mieux que l'opinion de M. Duchâtel : c'est la loi du 22 frimaire an VII qui a suivi la discussion à laquelle a pris part M. Duchâtel.

D'après cette loi, tous les actes ou à peu près étaient sujets au droit de 1 franc. Il n'y avait guère d'autre droit fixe que celui de 1 franc et ce n'est que plus tard qu'ils ont été élevés.

Pourquoi est-il arrivé que, dans la suite des temps, les droits fixes se sont multipliés.

Je n'ai pas besoin de vous apprendre combien il est facile, lorsqu'on a besoin d'argent, que des calamités s'abattent sur le pays, de doubler et de tripler les droits et c'est cette facilité même qui doit nous mettre en garde pour l'avenir.

Je reviens à mon exemple, à la procuration : c'est l'acte le plus usuel. La procuration, sous la loi de frimaire, était soumise au droit de 1 franc ; aujourd'hui, le droit est de 3 francs ; avec les décimes, de 3 fr. 75. Le salaire s'est transformé en impôt.

Et maintenant, si nous prenons un acte sujet au droit proportionnel d'enregistrement et en même temps au droit fixe, un acte de vente mobilière qui ne dépasse pas 100 francs, la procuration avec son timbre va coûter 4 fr. 30 et la perception proportionnelle ne sera que de 2 francs ; de sorte que vous paierez 6 ou 7 pour cent, alors que, lorsqu'il s'agira d'une vente portant sur une somme infiniment plus élevée, vous n'arriverez qu'à 2 francs et quelques centimes pour cent. C'est donc la proportionnalité à rebours que consacre le droit fixe.

Mais ce n'est pas tout. Sur un acte qui, pour arriver au même résultat global, contient plusieurs dispositions, on perçoit quelquefois autant de droits qu'il y a de dispositions ou de parties et on aboutit ainsi dans certains cas à absorber la totalité de l'objet grevé d'une accumulation de droits fixes ; or s'il n'existait ou s'il ne pouvait exister que des droits absolument proportionnels, comme la fraction ne peut jamais égaler le tout, le résultat d'une absorption totale ne pourrait jamais se produire.

Cependant je ne disconviens pas que le projet du Gouvernement ne soit préférable à l'état de choses actuel. Il a toujours le grand tort des réformes incomplètes ; il laisse subsister une partie des droits fixes qu'il faut extirper afin de mettre une plus grande somme de justice dans la répartition de l'impôt.

En outre le système de la commission a l'immense avantage de simplifier la perception des droits d'enregistrement. Je ne crois pas m'aventurer beaucoup en disant que dans le pays et peut-être même dans la Chambre, il n'y a pas beaucoup de personnes qui, étant donné un acte, puissent dire les perceptions auxquelles cet acte va donner lieu. Si pour savoir ce qu'on doit payer pour un impôt, il faut se livrer à une véritable étude, acquérir une véritable science, où irons-nous ? Eh bien, l'enregistrement, c'est une science. Je dis, moi, que l'impôt ne doit pas constituer une science, il doit résulter de tableaux faciles, accessibles à tout le monde sur lesquels la discussion ne puisse pas porter. Nous réduisons avec le projet de M. Brisson les droits fixes à des salaires et tout le reste à des droits proportionnels à l'importance des sommes mises en évidence dans les actes. Vous voyez combien nous simplifions les choses.

Lorsque nous aurons supprimé les droits fixes, nous aurons rendu toutes les perceptions de l'enregistrement aussi proportionnelles que possible à la richesse mise en mouvement, aux achats, aux ventes, aux prêts. Il y a un autre droit fixe dont nous ne nous occupons pas en ce moment et qu'il faudra rendre proportionnel un jour, c'est le droit de timbre ; mais nous sommes sur la voie.

M. Brisson vous expliquera que nous avons remplacé — c'est le grand grief qu'on nous fait — les droits qui pèsent plus lourdement sur les petits que sur les gros par des décimes. Ce mot de décime a le don de fâcher l'administration de l'enregistrement ; elle ne peut pas supporter l'idée de décime. Pourtant, l'autre jour, la Chambre ne s'est pas arrêtée à ce préjugé, puisqu'elle a déjà adopté un décime pour gager l'impôt des boissons.

Mais ce décime, à quoi le substituons-nous ? Viendra-t-il en augmentation de l'impôt lui-même ? Pas du tout, il remplacera les droits fixes condamnés, et constituera une taxe plus juste et dont les petits bénéficieront au préjudice des gros. On vous présente cette mesure comme une monstruosité ; c'est au contraire un moyen de tenir la balance égale en faisant la justice et la proportionnalité.

M. Tirard, ministre des finances, demande la parole pour expliquer qu'il résulte d'un travail émané de M. le directeur général de la comptabilité publique qu'avec le projet de la commission le déficit actuel serait de 5.513.928 francs ; si, au contraire, ajoute-t-il, vous acceptez la proposition du Gouvernement, votre budget sera en équilibre.

M. Henri Brisson, rapporteur, revient à la charge et répond aux arguments de ses adversaires, les uns après les autres :

M. le Ministre vient de vous dire que l'adoption de la proposition présentée par M. Dupuy-Dutemps et moi mettrait le budget en déficit de la somme de 5.513.928 francs, s'écrie l'honorable rapporteur.

M. le Ministre a calculé en comparant les dégrèvements que nous vous proposons et les taxes de remplacement telles qu'elles figuraient dans notre projet primitif. Mais, Messieurs, vous vous rappelez combien la situation a changé au cours de la discussion du budget. Nous équilibrions parfaitement, M. Dupuy-Dutemps et moi, notre projet par l'établissement d'un demi-décime. C'était notre manière de proportionnaliser les droits d'enregistrement sur toutes les taxes établies par les lois spéciales. Lorsque notre projet a été discuté devant la Commission du budget, le gouvernement et l'administration n'avaient pas assez d'anathèmes pour cet établissement d'un demi-décime. On nous disait : quel rapport peut avoir avec le dégrèvement des droits fixes, l'établissement d'un demi-décime sur les droits d'enregistrement?

Et nous répondions : les droits fixes comme les droits proportionnels se trouvent les uns et les autres dans les lois sur l'enregistrement, et si vous voulez établir l'équité dans cet impôt, vous n'avez qu'un moyen, celui de faire passer les taxes, que nous trouvons trop lourdes sur les droits fixes, dans la classe des droits proportionnels, le tout sans sortir de l'enregistrement lui-même.

Arrive la discussion des boissons, et alors ce demi-décime qu'on trouverait exécrable, ce dernier décime devient excellent pour parer au vide créé par le dégrèvement des boissons hygiéniques. A ce moment même, dans les séances des 19 et 21 décembre, M. le président de la Commission du budget, aujourd'hui président de la Chambre, et M. le Ministre des finances, M. Tirard, s'exprimaient en ces termes : Nous espérons pouvoir vous apporter un texte s'appliquant aux opératious de bourse, et mettant en regard de la proposition de M. Brisson non plus ce demi-décime, mais une taxe qui reste à déterminer.

Tel était le langage de M. le président de la commission du budget, et, dans une séance ultérieure, après le vote du demi-décime, M. le Ministre des finances déclarait encore que les dégrèvements que je proposais seraient balancés non plus par le demi-décime, mais par l'impôt à créer sur les opérations de bourse.

Ce dernier impôt a été évalué à 12 millions ; si on y ajoute 3.380.000 francs, représentant le produit des droits proportionnels que nous proposons, il y a de quoi faire face aux dégrèvements si redoutés par M. le Directeur général de l'enregistrement.

Je me permets quelques observations encore sur l'ensemble du projet, M. Dupuy-Dutemps a d'ailleurs sur ce point considérablement abrégé ma tâche.

Dans l'exposé des motifs de son propre projet, le gouvernement assure que ce serait une injustice d'établir tous les salaires fixes à 1 franc parce que, dit-il, il y a des actes assujettis au droit fixe

qui ont beaucoup plus d'importance les uns que les autres. Il nous
a cité, par un exemple, le droit de 7 fr. 50, c'est-à-dire de 9 fr. 38
pour les testaments et alors je le ramène à ce qui fait l'objet de
cette discussion et je lui dis :

. Mais dans cette matière même des testaments, pourquoi prenez-
vous le même droit fixe de 7 fr. 50, c'est-à-dire de 9 fr. 38 sur
un testament qui me laissera 500.000 francs, sur un testament qui
ne me laissera qu'une faible somme, ou sur un testament en
vertu duquel je recevrai un simple petit souvenir.

La fixité du droit peut-elle se justifier ici?

Mais j'ajoute que le droit fixe de 1 franc ne peut jamais blesser
considérablement l'équité parce qu'il est de 1 franc et que dans
cette mesure si étroite, il n'est pas possible qu'il se produise des
iniquités sérieuses.

Voulez-vous connaître quelques exemples de ce que M. le directeur général de l'enregistrement croit devoir appeler l'équité?
Prenons les reconnaissances des enfants naturels. Dans l'acte de
mariage, une reconnaissance d'enfant naturel coûte 3 francs seulement ; dans tout autre acte, même dans le contrat de mariage,
elle coûtera 7 fr. 60, c'est-à-dire 9 fr. 38.

A-t-elle donc plus d'intérêt, cette reconnaissance, pour celui
qui la reçoit, que quand elle est faite dans l'acte de mariage qui
lui confère la légitimité?

Autre exemple. Je l'emprunte aux prestations de serment des
officiers publics. Ce sont sans doute des actes qui présentent un
intérêt excessif, puisque le tarif que vous voulez maintenir les
frappe du droit le plus élevé, soit de 22 fr. 50 en principal et de
28 fr. 13 avec les décimes. Avec le timbre, les honoraires des
greffiers, une prestation de serment coûte 35 à 40 francs. Et ce
droit énorme est dû aussi bien par le chétif officier public de chef-
lieu d'arrondissement qui aura payé son office 2000 ou 3000 francs
que par l'agent de change de Paris qui aura payé sa charge 1 mil·
lion. L'un, le petit, aura payé un droit fixe montant à 2 pour cent,
l'autre, le riche, aura payé à peine quelques millièmes pour cent.
D'après mon système au contraire, tous ces frais, tout ce fardeau,
je les enlève aux droits fixes et je les transporte sur les droits
proportionnels. Or toutes les fois que je diminue le droit fixe pour

le remplacer par un droit proportionnel, j'établis l'équité dans l'impôt.

Je suis donc convaincu, devant ces exemples qu'il serait facile de multiplier s'ils n'étaient fastidieux à suivre, que vous n'hésiterez pas à voter le projet que nous vous présentons.

M. le Commissaire du Gouvernement :

Je désire ajouter quelques mots pour répondre à l'honorable M. Brisson, ne voulant pas laisser la Chambre sous l'impression de sa parole entraînante :

La reconnaissance d'un enfant naturel dans l'acte de mariage entraîne la légitimation de cet enfant; voilà d'où vient la différence de tarif entre cette dernière reconnaissance et celle contenue dans tout autre acte.

La quotité du droit fixe est déterminée d'après l'importance de l'acte; telle est la raison pour laquelle par exemple ce droit est de 7 fr. 50 lorsqu'il s'agit d'un testament et non de 3 francs par exemple comme en matière de reconnaissance d'enfant naturel dans l'acte de mariage de ses père et mère naturels.

Il est impossible de rendre proportionnels les droits fixes, car leur nature et leur essence résistent, dit M. Liotard-Vogt, à cette transformation.

De plus, l'année dernière, le Parlement a fixé à 20 centimes le droit d'enregistrement des casiers judiciaires, or en vertu de la proposition de M. Brisson et de M. Dupuy-Dutemps, ces actes seraient passibles du droit de 1 franc. De même, pendant toute la période transitoire de la loi du 26 janvier 1892, les actes d'avoué à avoué sont passibles du droit de 75 centimes; il est évident qu'ils seraient passibles du droit de 1 franc. Vous reviendriez donc du jour au lendemain, sur les immunités que vous avez accordées l'année dernière.

Au nom du Gouvernement, je viens prier la Chambre de ne pas passer à la discussion des articles de la proposition de loi de MM. Brisson et Dupuy-Dutemps et d'aborder la discussion du projet que le Gouvernement a l'honneur de lui présenter.

La proposition Brisson et Dupuy-Dutemps est mise aux voix et repoussée.

La Chambre passe au projet du Gouvernement et le vote;

presque sans discussion. — Au Sénat, la pluralité des droits fixes relativement aux inventaires, aux procès-verbaux d'apposition, de reconnaissance et de levée de scellés a été maintenue. La Chambre des députés dans sa séance du vendredi 28 avril dernier s'est rangée à l'opinion du Sénat.

COMMENTAIRE DE LA LOI DU 28 AVRIL 1893.

Parmi les nouvelles dispositions passées en force de loi, il s'en trouve deux qui ont une grande importance, car elles ont pour but de compléter la réforme des frais de justice adoptée l'an dernier par le parlement (je veux parler de la loi du 26 janvier 1892).

L'une de ces dispositions constitue l'art. 4 de la loi nouvelle, dont nous nous occupons ; elle est ainsi conçue : sont réduits d'un tiers les divers droits fixes d'enregistrement auxquels sont assujettis actuellement les actes extrajudiciaires non visés par les art. 6, 7 et 8 de la loi du 26 janvier 1892. Les actes extrajudiciaires restaient en dehors de la réforme prévue par la loi précitée, soit qu'ils précédassent l'introduction de l'instance, soit qu'ils eussent pour objet l'exécution de la sentence définitive, à moins qu'ils eussent trait eux-mêmes à une nouvelle instance : ainsi la saisie-arrêt se référant au montant de condamnations résultant d'un jugement définitif de même que le protêt ne bénéficiait pas de la détaxe de la loi de 1892, tandis qu'au contraire elle était applicable à la dénonciation du protêt faite avec assignation au souscripteur ou aux endosseurs de l'effet protesté. Dorénavant, ils profiteront de la détaxe en question.

L'art. 8 de la loi du 26 janvier 1892 réduit d'un tiers les droits du fisc sur les ventes judiciaires. D'après l'interprétation de la régie, ces expressions, ventes judiciaires, comprenaient seulement les ventes qui doivent avoir lieu par voie d'adjudication à la barre du tribunal ou devant un notaire commis par jugement à l'effet de recevoir les enchères ; ainsi les ventes sur saisie-exécution (art. 583 et suivants du Code de procédure civile) étaient exclues de la réduction de tarif prévue par l'art. 8 précité ; à l'appui de son opinion elle invoquait les travaux préparatoires qui ont précédé le vote du texte législatif dont s'agit ; quant à nous, nous

n'avions pas hésité à soutenir dans notre commentaire de la réforme des frais de justice (V. p. 18 de cet opuscule) que les ventes
sur saisie-exécution rentraient dans la catégorie des ventes judiciaires ; en effet qu'est-ce qu'une vente judiciaire sinon une vente
faite en exécution de la loi et suivant les formalités de la justice,
or les ventes sur saisie-exécution sont bien réalisées dans les conditions dont nous venons de parler ; aucune réserve n'ayant été
insérée au sujet de ces dernières ventes dans le texte législatif,
nous en avions conclu, nonobstant ce qui avait pû être dit lors
des travaux préparatoires lesquels ne sauraient avoir force de loi,
que la loi du 26 janvier 1892 (art. 8) leur était applicable.

Le doute n'est plus possible actuellement, en présence des pa-
roles prononcées par l'illustre rapporteur Henri Brisson, après le
vote par la Chambre des députés de l'art. 4 de la loi que nous
commentons ; voici exactement dans quel sens il a déclaré que devait être entendue cette disposition : je regrette naturellement que
la Chambre n'ait pas accepté, comme nous le proposions, le droit
fixe de 1 fr. 25 ; mais il faut reconnaître que l'art. 4 constitue
une disposition dont profiteront toutes les procédures qui n'ont
pas été visées par la loi du 26 janvier 1892, tous les exploits de
préparation aux procès, sommations, significations, etc., et surtout les procédures dites d'exécution qui sont si importantes.

Ces explications interprétatives du texte dont s'agit traduisaient
fidèlement la pensée de la Chambre, car nul n'y a contredit.

Il résulte de là que puisque les procédures d'exécution bénéficient de la détaxe prévue par l'art. 4, les ventes sur saisie-exécution doivent en profiter aussi, car elles constituent l'acte final
d'une procédure d'exécution ; soit donc qu'on les envisage comme
des ventes judiciaires (cas auquel elles étaient déjà dégrevées par
l'art. 8 de la loi du 26 janvier 1892) soit au contraire qu'on les
considère comme de simples actes d'exécution (cas auquel elles
rentrent dans la catégorie des actes extrajudiciaires régis par
l'art. 4 de la loi nouvelle) ; dans toutes les hypothèses, les droits
fiscaux qui leur sont applicables sont réduits d'un tiers.

Il importe de constater, pour rendre hommage à la vérité, que
la disposition qui fait l'objet de l'art. 4 ne se trouvait pas dans le
projet de loi présenté au mois d'octobre dernier par le gouverne-

ment et que c'est aux instances pressantes de la commission des
finances, ou pour parler d'une façon rigoureusement exacte, aux
efforts puissants de M. Henri Brisson, l'infatigable rapporteur et
à la collaboration de M. Dupuy-Dutemps, le zélé et actif membre
du parlement, que les justiciables devront cette amélioration, qui
est la suite de l'œuvre philanthropique inaugurée l'an dernier sur
l'initiative des mêmes excellents représentants du peuple, par le
législateur de 1892. Aussi pour répondre à une objection soule-
vée dans le cours de la discussion et consistant à dire « que la re-
cherche de la paternité était interdite », M. Brisson a-t-il pu répondre : *Ego nominor leo ;* le gouvernement a cédé, mais grâce
à l'opiniâtreté que nous, membres de la commission, n'avons cessé
de montrer.

L'art. 5 abroge le dernier alinéa de l'art. 68 paragraphe 1er
n° 30, de la loi du 22 frimaire an VII, en ce qui concerne les
exploits relatifs aux procédures de délaissement par hypothèque,
de purges des hypothèques légales ou inscrites, de saisie immobilière, d'ordre judiciaire et de contribution judiciaire. En conséquence, il ne sera dû qu'un seul droit pour ces exploits, quel
que soit le nombre des demandeurs et des défendeurs. Cette disposition est la deuxième, qui complète la réforme des frais de
justice ; par exploits, en matière de délaissement, il faut entendre : 1° les commandements, aux débiteurs originaires, de payer ;
2° les sommations aux tiers détenteurs, de payer ou de délaisser
l'héritage hypothéqué ; en effet, quoique le commandement ne
soit pas adressé à la personne des tiers détenteurs, mais bien aux
débiteurs, il est cependant l'acte initial de la procédure de délaissement, et, à ce titre, nous n'hésitons pas à penser, qu'il doit
être rangé parmi les exploits visés par l'art. 5 précité ; il en est de
même du commandement, tendant à la saisie immobilière, qui
est le préliminaire obligé de toute saisie de cette nature ; mais
tous les actes de procédure de saisie immobilière n'étant pas des
exploits, ceux-là seuls qui ont ce caractère, sont régis par le texte
de l'art. 5 dont s'agit « ainsi le procès-verbal de saisie, le cahier
des charges, étant un acte ou plutôt des actes différents des
exploits, restent sous l'empire de la législation ancienne, tandis
que la dénonciation de la saisie-immobilière, la sommation de

prendre communication du cahier des charges, bénéficient de la loi nouvelle ; en matière de purge légale, la sommation adressée au mari et à la femme, ainsi qu'au procureur de la République, par acte séparé, tombent sous l'application de la loi nouvelle ; il en est de même, en ce qui concerne les hypothèques qui ne sont pas dispensées d'inscription ; la loi nouvelle est applicable aux exploits de notification aux créanciers inscrits ; dans les ordres et les contributions judiciaires, les sommations de produire aux créanciers inscrits étant des exploits, l'art. 5 les vise ; il en est autrement de la dénonciation des règlements provisoires et définitifs des ordres et contributions, aux créanciers produisants ou colloqués, parce que cette dénonciation s'effectue vis-à-vis eux par acte d'avoué à avoué ; mais en ce qui concerne les dénonciations aux parties saisies ou venderesses n'ayant pas d'avoué, comme elles ont lieu, dans ce cas, par voie d'exploit, elles sont régies par les dispositions de la loi nouvelle.

L'article premier, de cette loi, soumet au droit proportionnel les actes désignés dans l'art. 1er de la loi du 28 février 1872 ; parmi ces actes figurent n° 1er les actes de formation et de prorogation de société, qui ne contiennent ni obligation, ni libération, ni transmission de biens meubles ou immeubles.

Ils donnaient lieu autrefois à la perception d'un droit dit gradué qui était prélevé sur le montant total des apports mobiliers et immobiliers des associés ou autres personnes, déduction faite du passif ; ce droit était établi par tranches ou paliers ; ainsi il était de 5 francs sur les sommes ou valeurs de 5.000 francs et pour les actes qui ne contenaient aucune énonciation de sommes et valeurs, ni dispositions susceptibles d'évaluation ; de 10 francs, pour les sommes ou valeurs supérieures à 5.000 francs mais n'excédant pas 10.000 francs ; de 20 francs, pour les sommes ou valeurs supérieures à 10.000 francs mais n'excédant pas 20.000 fr. et ensuite, à raison de 20 francs, pour chaque somme ou valeur de 20.000 francs ou fraction de 20.000 francs ; dans le cas où les sommes ou valeurs n'étaient pas déterminées dans l'acte, il devait y être suppléé, conformément à l'art. 16 de la loi du 22 frimaire an VII, c'est-à-dire par une déclaration estimative, certifiée et signée au pied de l'acte, avant l'enregistrement ;

Le n° 2 de la loi du 28 février 1872 classait parmi les actes soumis au droit gradué : les translations de propriété, d'usufruit ou de jouissance de biens immeubles situés en pays étranger ou dans les colonies françaises, dans lesquels le droit d'enregistrement n'est pas établi : pour calculer le montant du droit, on ajoutait au prix exprimé, la totalité des charges de ce prix en capital et à défaut d'évaluation de ces charges dans l'acte il était suppléé, comme il a été dit précédemment, au moyen d'une déclaration estimative, certifiée et signée au pied de l'acte, par les parties...

Le n° 3 de la même loi appliquait aux actes ou procès-verbaux de vente de marchandises avariées par suite d'événements de mer, et de débris de navires naufragés, la taxe du droit gradué calculée sur le prix exprimé, en y ajoutant comme il a été dit plus haut pour les translations de propriété, les charges en capital évaluées d'après le même procédé ;

Le n° 4 soumettait aussi au droit gradué les contrats de mariage ; ce droit devait être calculé sur le montant net des apports personnels des futurs époux ;

Le n° 5, en matière de partage de biens meubles et immeubles, tarifait le droit gradué d'après le montant de l'actif net partagé et le n° 6 pour la délivrance de legs, d'après le montant des sommes ou la valeur des objets légués.

D'après les mêmes principes enfin était calculé le droit gradué, pour les prorogations de délais des créances exigibles, et les adjudications et marchés ayant trait aux constructions, réparations, entretien et fournitures, etc., payés par le trésor public, aux termes des n⁰ˢ 8 et 9 de la loi du 28 février 1872 (même article 1ᵉʳ précité).

Enfin le n° 10 soumettait les titres nouvels et reconnaissances de rentes au droit gradué, calculé d'après le capital de la rente.

D'après la loi nouvelle, la quotité du droit à percevoir est fixée à 0 fr. 15 pour les partages et à 0 fr. 20 pour les autres actes ; quant au mode d'évaluation de liquidation du droit, il n'est pas modifié ; les bases de la loi du 28 février 1872 sont maintenues.

L'art. 2 de la loi nouvelle est ainsi conçu : Est maintenu le droit fixe de 5 francs établi par l'art. 1ᵉʳ, n° 7, dernier alinéa de la loi du 28 février 1872, pour les mainlevées partielles d'hypothèques, en cas de simple réduction de l'inscription. Toutefois, ce droit ne pourra excéder le droit proportionnel, qui serait exigible pour la mainlevée totale; sont soumis au droit fixe de 5 francs les contrats de mariage, qui ne contiennent que la déclaration du régime adopté par les futurs, sans constater de leur part aucun apport.

Le n° 7 de la loi du 28 février 1872 fixait également à 5 francs l'acte de réduction d'une inscription, mais comme il pouvait arriver que cette taxe de 5 francs, répétée autant de fois qu'il y a d'actes de réduction partielle, fût supérieure au droit proportionnel exigible pour la mainlevée totale de l'hypothèque, il se produisait dans ce cas une anomalie, à laquelle a voulu obvier le législateur; en conséquence, dorénavant, les droits de réduction d'une inscription hypothécaire ne devront jamais dépasser le montant de la taxe proportionnelle afférente à la mainlevée totale de cette hypothèque.

Le paragraphe final de l'art. 2 précité ne créé pas une modification à la législation antérieure; en effet, sous l'empire de la loi du 26 avril 1816 (art. 45) dont le texte n'a cessé d'être applicable depuis sa promulgation, les contrats de mariage qui ne contenaient que la déclaration du régime adopté par les futurs époux, sans constater de leur part aucun apport, étaient assujettis au droit fixe de 5 francs; la loi nouvelle respecte la quotité de ce droit qu'elle maintient dans les termes suivants : sont soumis au droit fixe de 5 francs les contrats de mariage qui ne contiennent que la déclaration du régime adopté par les futurs, sans constater de leur part aucun apport.

L'art. 3 qui vient ensuite dispose que si dans le délai de deux années à partir de l'enregistrement, l'insuffisance des sommes ou valeurs ayant servi de base à la perception du droit proportionnel édicté par l'art. 1er de la loi nouvelle, est établi par des actes ou documents régulièrement parvenus à la connaissance de l'administration, il sera perçu indépendamment des droits simples supplémentaires, un droit en sus, lequel ne pourra être inférieur à 50 francs.

Ici se place l'amendement suivant présenté par MM. Thellier de Poucheville et Grousset à la Chambre des députés et qui était ainsi conçu :

Si dans le délai de deux années à partir de l'enregistrement, la dissimulation des sommes en valeurs ayant servi de base à la perception du droit proportionnel est établie par des actes ou écrits émanés des parties, ou par des jugements, il sera perçu indépendamment des droits simples supplémentaires, un droit en sus, lequel ne pourra être inférieur à 50 francs.

Le commissaire du Gouvernement ayant déclaré accepter l'amendement et la Chambre l'ayant voté, c'est le retour à la loi de 1872 qui a été consacré. Le projet du Gouvernement présentait en effet une innovation dangereuse, car les mots « documents » qui s'y trouvaient, avaient un sens vague qui aurait pu donner lieu à des interprétations diverses et contraires et faire naître en conséquence une foule de procès ; en accueillant la proposition de Poncheville et Grousset, la Chambre a fait preuve de sagesse.

L'art. 6 réduit de moitié le droit de 6 francs établi par les art. 5 de la loi du 19 juillet 1845 et 4 de la loi du 28 février 1872 pour les avis de parents, les procès-verbaux de nomination de tuteurs et curateurs et les procès-verbaux d'apposition, de reconnaissance et de levée de scellés.

Dans quel sens, faut-il entendre ces mots : avis de parents? Doivent-ils être pris dans le sens général qu'ils comportent et que le législateur leur attribue au Code de procédure civile (art. 882 et suivants)? en un mot, la réduction dont parle l'art. 6 s'applique-t-elle à tous les actes qui constatent l'exercice d'attributions dévolues par la loi aux conseils de famille, soit qu'il s'agisse de donner un avis, soit qu'il s'agisse de donner une autorisation; nous avons déjà eu l'occasion dans un travail précédent de rechercher la portée de l'expression « avis de parents » et nous n'avons pas hésité à nous prononcer pour la solution que nous proposons aujourd'hui (voir notre Commentaire de la loi du 26 janvier 1892 sur les frais de justice, page 22) et qui est l'affirmative; en effet, la loi dont nous nous occupons est une loi fiscale comme celle du 26 janvier 1892, or une uniformité d'interprétation s'impose pour l'application de ces lois, sous peine de rompre l'harmonie des dispositions qui composent notre système fiscal.

L'art. 6 fait bénéficier de la réduction de tarif, qu'il édicte, les nominations de tuteurs et curateurs; il ne parle pas de la déclaration d'émancipation ; dès lors elle demeure assujettie au droit fixe de 15 francs ;

Enfin les procès-verbaux d'appositions, de reconnaissances et de levées de scellés, qui étaient soumis eux aussi au droit fixe de 6 francs, sont diminués de la moitié du droit qui leur incombait ; il a paru équitable de dégrever ces actes, parce qu'ils sont indispensables dans les cas où la loi exige leur accomplissement et que la taxe à laquelle ils donnent lieu frappe de petits héritages très souvent et les surcharge d'un poids trop lourd pour l'importance minime de leur valeur.

Le projet du gouvernement voté par la Chambre des députés supprimait la pluralité des droit fixes relativement aux vacations en matière de scellés et d'inventaires ; la pratique avait révélé en effet que l'actif des successions modestes était parfois insuffisant pour payer les droits fixes dûs au trésor ; dans ces conditions, il avait paru bon soit au gouvernement soit à la Chambre des députés, qu'il ne fût exigé qu'un seul droit fixe d'enregistrement, pour chaque séance, quel que fût le nombre des vacations, pour les inventaires, les procès-verbaux d'apposition, ceux de reconnaissance et ceux de levée de scellés. Le Sénat n'a pas été d'avis de voter cette disposition, et la Chambre des députés s'est ralliée à l'opinion du Sénat. La pluralité des droits fixes est donc maintenue en ce qui concerne les vacations des scellés et des inventaires.

L'art. 7 abolit la pluralité des droits fixes établis par l'art. 68 § 1er no 1 de la loi du 22 frimaire an VII et § 2 de la même loi ; le paragraphe premier était ainsi conçu : Il est dû un droit pour chaque renonçant et pour chaque succession à laquelle on renonce ; le paragraphe deuxième portait qu'il était dû également un droit par chaque acceptant et pour chaque succession ou communauté ; ces deux textes formulaient la règle de la pluralité et quant aux dispositions et quant aux personnes ; il en résultait que le fisc prélevait un impôt d'autant plus élevé sur une succession, qu'elle comprenait un plus grand nombre d'héritiers acceptants ou renonçants ; il en était de même en matière de communauté, lorsque celle-ci était dissoute par la mort de la femme ; de là, les conséquences iniques, qui se produisaient parfois : qu'on suppose en effet, une succession de 100.000 francs et un seul héritier, il n'avait à payer que 5 fr. 63. Qu'on imagine au contraire un petit héritage de 1000 francs échu à dix héritiers, chacun d'eux n'a droit qu'à 100 francs, et ils devaient au fisc 56 fr. 63 et avec la nouvelle loi, un seul droit fixe de 5 fr. 63 sera perçu, malgré la multiplicité des héritiers.

L'art. 8 abaisse à 4 fr. 50, non compris les décimes, les actes de prestation de serment des gardes particuliers et des agents salariés par l'Etat, les départements, les communes, les établissements publics ou d'utilité publique, dont le traitement et ses accessoires n'excèdent pas 4000 francs.

En vertu de la législation antérieure, le tarif, lorsque le traitement du salarié dépassait 1500 francs, était pour un de ces actes de prestation de 22 fr. 50 en principal, et avec les décimes de 28 fr. 13.

Il est regrettable que les pouvoirs publics n'aient pas suivi l'avis de M. Henri Brisson qui proposait de remplacer le droit fixe en question comme tous les autres droits fixes, du reste, par un droit proportionnel, cela eût été plus équitable ; n'est-il pas antidémocratique, en effet, que le même droit soit exigé du minuscule officier public d'un chef-lieu d'arrondissement qui aura payé sa charge 2000 ou 3000 francs, comme du richissime agent de change qui aura payé la sienne un million.

L'art. 9 déclare exécutoires à partir du 1er juin 1893, les dispositions précitées.

Le projet voté par la Chambre des députés portait que la loi dont s'agit serait exécutoire à partir du 1er mars 1893. Il est évident que si cette disposition avait été maintenue, la loi aurait eu un effet rétroactif, et le législateur a parfaitement agi, en ne lui attribuant pas un effet pareil. Elle ne doit être appliquée que le 1er juin prochain ; ce qui doit s'entendre en ce sens, que tout droit né ou ouvert antérieuremeni au 1er juin 1893 ne sera pas soumis aux dispositions de la présente loi, mais assujetti au tarif de la législation antérieure, alors même que la taxe ne serait acquittée que postérieurement à l'époqne du 1er juin 1893. Il nous paraît inutile d'insister sur l'interprétation d'un texte qui ne présente aucune difficulté sérieuse.

Il est de notre devoir, en terminant cette étude, de proclamer hautement que la loi du 28 avril 1893 est une des plus utiles votées par le parlement et lui fait le plus grand honneur.

TEXTE DE LA LOI.

(Les art. 4 et 5 complètent la réforme des frais de justice votée le 26 janvier 1892, et les autres articles modifient certains droits d'enregistrement).

Art. 4. — Sont réduits d'un tiers, les divers droits fixes d'enregistrement auxquels sont actuellement assujettis les actes extrajudiciaires non visés par les art. 6, 7 et 8 de la loi du 26 janvier 1892.

Art. 5. — Est abrogé le dernier alinéa de l'art. 68, paragraphe 1er, no 30, de la loi du 22 frimaire an VII, en ce qui concerne les exploits relatifs aux procédures de délaissement par hypothèque, de purge des hypothèques légales ou inscrites, de saisie immobilière, d'ordre judiciaire et de contribution judiciaire.

En conséquence, il ne sera dû qu'un seul droit pour ces exploits, quel que soit le nombre des demandeurs et des défendeurs.

Art. 1er. — Sont soumis au droit proportionnel les actes désignés dans l'art. 1er de la loi du 26 février 1872.

Le droit sera liquidé sur les sommes ou valeurs actuellement passibles du droit fixe gradué.

La quotité en est fixée à 0 fr. 15 0/0 pour les partages et à 0 fr. 20 0/0 pour les autres actes.

Art. 2. — Est maintenu le droit fixe de 5 francs établi par l'art. 1er, no 7, dernier alinéa, de la loi du 28 février 1872, pour les mainlevées partielles d'hypothèques en cas de simple réduction de l'inscription. Toutefois ce droit ne pourra excéder le droit proportionnel qui serait exigible pour la mainlevée totale.

Sont soumis au droit fixe de 5 francs, les contrats de mariage qui ne contiennent que la déclaration du régime adopté par les futurs, sans constater de leur part, aucun apport.

Art. 3. — Si dans le délai de deux années à partir de l'enregistrement, l'insuffisance des sommes ou valeurs ayant servi de base à la perception du droit proportionnel est établie par des actes ou écrits émanés des parties ou par des jugements, il sera perçu indépendamment des droits simples supplémentaires, un droit en sus, lequel ne pourra être inférieur à 50 francs.

Art. 6. — Est réduit de moitié le droit de 6 francs établi par les art. 5 de la loi du 19 juillet 1845 et 4 de la loi du 28 févoier 1872 pour les avis de parents, les procès-verbaux de nomination de tuteurs et curateurs et les procès-verbaux d'apposition, de reconnaissance et de levée de scellés.

Art. 7. — Il ne sera perçu qu'un seul droit fixe d'enregistrement pour chaque acte distinct d'acceptation de succession ou de renonciation à succession passé au greffe, quel que soit le nombre des acceptants ou des renonçants et celui des successions acceptées ou répudiées.

Il en sera de même pour les renonciations à communauté par acte au greffe.

Art. 8. — Les actes de prestation de serment des gardes des particuliers et des agents salariés par l'État, les départements, les communes, les établissements publics ou d'utilité publique, dont le traitement et ses accessoires n'excèdent pas 4000 francs, ne seront assujettis qu'à un droit de 4 fr. 50.

Art. 9. — Les dispositions des art. 1 à 9 de la présente loi ne seront exécutoires qu'à partir du 1er juin 1893.

TABLE DES MATIÈRES

Paris. — Imp. F. Pichon, 282, rue Saint-Jacques, et 24, rue Soufflot.

Paris. — Imp. F. Pichon, 282, rue Saint-Jacques, et 24, rue Soufflot.

www.ingramcontent.com/pod-product-compliance
Ingram Content Group UK Ltd.
Pitfield, Milton Keynes, MK11 3LW, UK
UKHW021620130726
13696UKWH00005B/1970